HEYNE <

Für Tessa

Kitty Guilsborough

Das kleine Buch vom Handlesen

Was unsere Hände über Persönlichkeit und Schicksal verraten

Aus dem Englischen übersetzt
von Karin Weingart

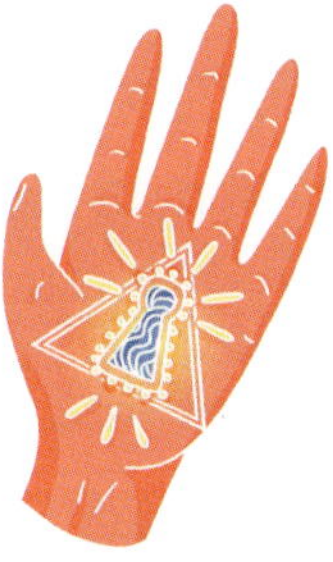

WILHELM HEYNE VERLAG
MÜNCHEN

Die Originalausgabe erschien 2022 unter dem Titel *The Little Book of Palm Reading* bei Gaia Books, einem Imprint von Octopus Publishing Group Ltd, Carmelite House, 50 Victoria Embankment, EC4Y 0DZ, England.

FSC
www.fsc.org
MIX
Paper | Supporting responsible forestry
FSC® C004378

Penguin Random House Verlagsgruppe FSC® N001967

Redaktion: Dr. Diane Zilliges
Umschlaggestaltung: Guter Punkt, München, unter Verwendung eines Motivs von © Nadja Tilke
Designer und Illustrator: Abi Read
Satz: Vornehm Mediengestaltung GmbH, München
Druck und Bindung: PBtisk, a.s., PŘÍBRAM
ISBN 978-3-453-70453-4
www.heyne.de

Inhalt

Einführung

Wir wissen weit mehr, als wir zu wissen glauben.

Denn wir gewöhnen uns ganz bewusst ab, auf unseren Instinkt zu hören; wir ignorieren Bauchgefühl und Intuition. Wir sperren (vor allem traumatische) Erinnerungen, aber auch Träume und Ideen aus und versuchen, sie nicht an uns heranzulassen. Sobald diese Erinnerungen hochkommen und unseren nächsten Schritt bestimmen wollen, drücken wir sie weg und tun so, als hätten wir nichts bemerkt.

Das Handlesen gewährt uns Zugang zu unserem verborgenen Selbst. Es lehrt uns, unseren Instinkten und Erinnerungen zu vertrauen, um nicht nur inneren Frieden zu finden, sondern auch Klarheit und eine Lebensgeschichte, die uns dahin führt, wohin wir wollen.

Solche Dinge fallen vielen wohl eher nicht ein, wenn sie ans Handlesen denken.
Aber es ist nicht nur so, dass kaum jemand im Hand-

lesen ein Instrument zur Verbesserung seines Lebens sieht; die meisten halten es sogar für einen Beweis, dass keine Veränderung möglich sei. Dass alles, was passiert, vorab feststehe. Deshalb könne man jedes Geschehnis vollständig und korrekt aus der Hand lesen. Als würde es sich um Magie handeln.

Diese Auffassung wirft allerdings gleich zwei Probleme auf.

Pro und Contra

Das erste Problem haben diejenigen, die Handlesen für Magie halten. Denn da sie die Zukunft ja schon zu kennen meinen, engagieren sie sich nicht dafür, dass sie auch eintritt (oder dafür, den gedeuteten Ausgang zu verhindern). Entspannt verlassen sie sich auf das, was ihnen die Handleserin vorhergesagt hat. Werden womöglich faul. Oder auch ängstlich. Und beobachten letztlich rein passiv den Fortgang ihres kostbaren Lebens. Was aber niemandem etwas bringt. Besonders Menschen wie dir nicht: Menschen, die Bücher darüber lesen, wie sie sich selbst erkennen, ihr Leben verbessern und es in die Hand nehmen können. (So ein Buch ist dieses hier nämlich.)

Das andere Problem betrifft diejenigen, die das Handlesen für Magie halten und Magie für Lüge. Alles, was irgendwie als »magisch« gilt, ist für sie ein Trick – wie der des Zauberers, der seine Zuschauer mit Bewegungen der einen Hand ablenkt, um mit der anderen das Kaninchen aus dem Hut zu ziehen. Solche Leute (zu denen du ja vielleicht mit einem Teil deines Denkens auch gehörst) sehen im Handlesen einen Betrugsversuch, vor dem man sich schützen muss.

Und weißt du was? Manchmal trifft dieser Vorwurf sogar zu. Das will ich von vornherein klarstellen: Techniken wie Handlesen und Wahrsagen allgemein werden oft übel missbraucht. Werden sie von den Falschen praktiziert, können sie großen Schaden anrichten. Deshalb müssen wir bei allem, was wir in dieser Hinsicht tun, mit größter Sorgfalt, nur den besten Absichten und voller Verantwortungsbewusstsein vorgehen.

Was du dir von diesem Buch erwarten darfst

Bei den Handlese-Übungen in diesem Buch geht es hauptsächlich um dich. Ich steuere meine Erfahrungen bei (die Beispiel-Handflächen sind von mir und einer Kundin, die mir freundlicherweise erlaubt hat, ihre Geschichte hier anonym weiterzugeben). Und du wirst deine eigenen Erfahrungen machen. Zuerst führe ich dich Schritt für Schritt durch die einzelnen Übungen und später kannst du sie dann mit Menschen zusammen machen, die du magst.

In diesem Buch geht es nicht ums professionelle, sondern ums private Handlesen – zum Spaß oder zum Trost, als Hoffnungs- und Klarheitsspender. Also um die Art Handlesen, die Gespräche initiiert, mit uns nahestehenden Menschen und mit uns selbst.

Hier geht es um das authentische Handlesen und seine unzähligen Benefits: jenes Handlesen, das sowohl auf deinem inneren Wissen um dich selbst, auf den alten Weisheiten vieler Kulturen als auch auf modernen therapeutischen Techniken beruht und das Ziel verfolgt, uns weiterzubringen: mit Anstand, klaren Absichten und Stärke.

Was auf dich zukommt, kann ich dir hier nicht sagen. Weder wohin du gehst, noch was du als Nächstes tust. Nicht einmal, was du tun *solltest*, kann ich dir verraten. Hier geht es auch gar nicht darum, dir deine Zukunft zu prophezeien. Und selbst wenn ich deine Hand nehmen und jede Linie und Falte betrachten könnte, wäre ich nicht imstande, deine Zukunft vorherzusagen. Geschweige denn dir zu erklären, wie du anderen die Zukunft vorhersagen könntest.

Was ich aber tun kann, ist, dir die Tools zu zeigen, mit denen du dich selbst erkennen und diese Fähigkeit vielleicht auch an andere weitergeben kannst.

Sobald du dich einmal erkennst – dich intensiv mit dir befasst, dich fragst, ob die Geschichte, die du dir erzählst, auch Sinn ergibt oder du vielleicht lieber eine andere hättest –, dann weißt du auch, wo's für dich langgeht. Dann kennst du deinen Weg und bist imstande, dir deine Zukunft so zu gestalten, dass du gern in ihr lebst. Du kannst dir ein Leben erschaffen, das deinen Vorstellungen entspricht.

Du selbst kannst deine Geschichte erzählen. Und sie aufschreiben. Der Stift liegt in deiner Hand. Du hast die Macht.

Denn es ist deine Geschichte, und nur du wirst sie erzählen.

1

Die Geschichte in unseren Händen

Das Handlesen, das seit vielen Jahrhunderten in zahlreichen Kulturen praktiziert wird, stellt weltweit eine der ältesten Divinationsmethoden überhaupt dar. Sie ist so alt, dass sich schwer sagen lässt, wo sie ihre Anfänge hatte, ob in Indien, China, Persien oder Mesopotamien, vielleicht auch im alten Griechenland oder Ägypten. Der römische Gelehrte Plinius erwähnte die Kunst des Handlesens wenige Jahrzehnte nach Christi Geburt, und bereits fünf Jahrhunderte zuvor soll der große Hindu-Weise Valmiki einen Aufsatz über sie geschrieben haben. 1572 war das Handlesen sehr weit verbreitet, wurde aber von der katholischen Kirche verboten. An verschiedenen Königshöfen gab es jedoch weiterhin Vertreter dieser Kunst.

Schau dich an!

Einfach ausgedrückt ist das Handlesen eine Art Selbstschau. Dabei geht es darum, dich anzusehen – richtig anzusehen –, und zwar sowohl physisch als auch spirituell. Es geht darum, die weggesperrten Teile deiner selbst wiederzufinden – über den Schlüssel dazu in deiner Handfläche. Und in Wahrheit, vermute ich, geht es vor allem darum, dir selbst vertrauen zu lernen.

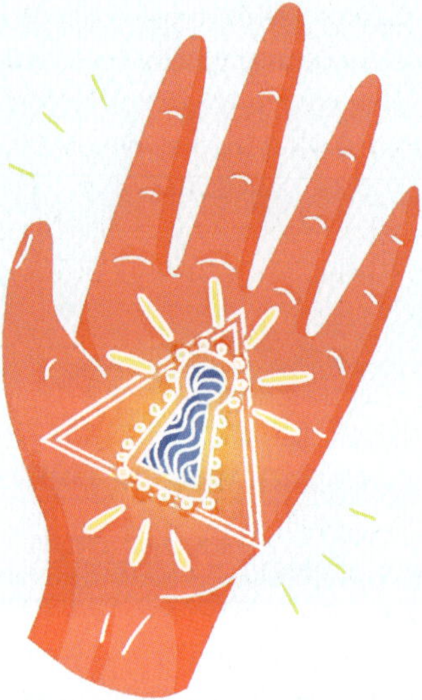

Dies gilt auch, wenn du die Hand anderer Personen liest; dabei ist das A und O die ehrliche, offene, authentische Kommunikation. Denn dein Leben und dein Körper beeinflussen die Art, wie du Leben und Körper der anderen auffasst. Damit die, deren Hand du liest und denen du helfen möchtest, dir vertrauen können, musst du dir selbst vertrauen. Sodass auch sie wiederum den eigenen Sinnen vertrauen können.

Das Interessante am Handlesen: So alt und verbreitet die Kunst auch sein mag, sind doch immer Hunderte und Aberhunderte möglicher Bedeutungen im Spiel. Und so viele Interpretationen dieser Bedeutungen, wie es Interpreten und Interpretinnen gibt – sowie Leute, die dir einreden wollen, dass das alles sowieso reiner Blödsinn ist. Die Welt wimmelt von Menschen, und jeder hat seine Meinung, seine Geschichte.

Deshalb beziehen wir uns am besten auf das, was wir direkt vor Augen haben.

Machen wir zunächst eine schnelle Übung. Wenn du dich etwas mit Achtsamkeit auskennst, ist sie dir eventuell vertraut. Sie wird »5-4-3-2-1« oder auch »Spiel der Sinne« genannt und hilft etwa dabei, Panikattacken im Keim zu ersticken. Vor allem aber bringt sie uns verlässlich in den gegenwärtigen Moment zurück.

ÜBUNG

5-4-3-2-1

Die Übung ist unglaublich einfach und verlangt nichts von dir als deine Aufmerksamkeit. Merk dir, wie du dich fühlst, bevor du sie beginnst: Gestresst? Voller Unruhe? Frustriert? Sauer, dass wir immer noch nicht mit dem Handlesen angefangen haben?

Setz oder stell dich irgendwo bequem hin. Mit das Beste an dieser Übung ist nämlich, dass du sie überall machen kannst – im Bus, in jeder beliebigen Warteschlange, wenn du ein Baby im Arm hältst oder am Telefon hängst.

Jetzt atmen wir ein und zählen dabei:

5 4 3 2 1

Und ebenfalls auf fünf atmen wir auch aus:

5 4 3 2 1

Das wiederholst du fünfmal:

Fünfmal auf fünf einatmen, fünfmal auf fünf ausatmen.

Dann schaust du dich um und suchst ganz in Ruhe nach

5 Dingen, die du sehen kannst
4 Dingen, die du anfassen kannst
3 Dingen, die du hören kannst
2 Dingen, die du riechen kannst
1 Ding, das du schmecken kannst.

Wie fühlst du dich jetzt? Ruhiger? Insgesamt besser? Verstehst du, warum ich den Prozess des Handlesen-Lernens mit dieser intensiven Fokussierungsübung beginne?

Nun, wenn wir uns derart auf unsere Sinneseindrücke konzentrieren, zwingen wir den Geist, in der unmittelbaren Gegenwart zu verharren. Und sorgen so dafür, dass wir im Kopf an Ort und Stelle bleiben und registrieren, wo wir sind. Auf diese Weise orientieren wir uns in Raum und Zeit.

Tatsächlich kommen ja viele zum Handlesen (oder nehmen andere spirituelle Hilfe in Anspruch), weil sie sich verloren fühlen.

Sei es aufgrund ihrer Vergangenheit (»Warum ist gerade mir das passiert? Was hätte ich anders machen können?«), sei es wegen der Zukunft (»Was soll ich als Nächstes machen? Welchen Weg einschlagen? Was fange ich am besten mit meinem Leben an?«).

Handlesen erdet uns im Hier und Jetzt – auch wenn es uns etwas über unsere Vergangenheit und unsere Zukunft erzählen mag.

Physische Präsenz

In dem Moment, in dem wir unsere Handlinien lesen, beschäftigen wir uns in Wahrheit auf sehr konkrete, spürbare Weise mit unserer physischen Präsenz. Wir fahren mit den Fingern der einen Hand über die Innenfläche der anderen, folgen ihren Furchen und Einbuchtungen. Achten auf alte Narben genau wie auf jüngere Schnitte oder Schrammen. Auf die Dinge, mit denen wir geboren wurden, und auf die, die im Laufe der Zeit hinzugekommen sind. Das Handlesen verlangt uns so viel körperliche Präsenz ab wie kaum eine vergleichbare Technik: totale Fokussierung auf uns selbst – oder die physische Präsenz der Person, der wir helfen wollen. Es ist die Aufforderung, unser Sein in der Welt zu betrachten und zu eruieren, wie es uns damit geht. Wir lesen die Linien unserer Hand, als wären sie ein Buch: Wir vergleichen die ihnen in verschiedenen Quellen zugeordneten Bedeutungen, um zu ermitteln, welche sich am besten (oder auch falsch!) anfühlen. Wir geben uns Raum und Zeit genug, um zu fragen: Bin ich das wirklich? Und will ich diese Person auch sein?

Handlesen ist etwas zutiefst Meditatives, aber auch heilsam. Und zugleich (wenn es richtig gemacht wird) stellt es eine transzendente Erfahrung dar, die Kommunikation mit unseren tiefsten Gefühlen, Ängsten und Wünschen. Dabei bedienen wir uns alter Künste und machen

sie uns zu eigen; wir wenden die Logik und Weisheit von Jahrtausenden auf unseren lebendigen Körper an und lernen aus diesen zeitlosen Ideen, richtig zu leben. Was ja auch das Ziel der meisten komplementären Heilmethoden ist – von Yoga bis Psychoanalyse.

Hand aufs Herz: Hat dir der letzte Absatz Angst gemacht? Die Betrachtung dieser großen Ideen kann ganz schön furchterregend sein – und um einiges furchterregender noch die Betrachtung unserer selbst. Von jemandem durchschaut zu werden ist eine beklemmende Vorstellung, und wenn man selbst dieser Jemand ist, stellt sich natürlich auch immer die Frage, was dabei wohl herauskommt.

Das alles sind mordsmäßig schwierige Themenkomplexe. So schwierig, dass man kaum weiß, wo man anfangen soll.

Aber mach dir keine Sorgen. Wir gehen ganz behutsam vor. Deshalb konzentrieren wir uns ja auch auf etwas so Überschaubares wie eine Handfläche, vier Finger und einen Daumen.

2

Der Lageplan deiner Hand

Bisher gab's hier bloß reichlich Buchstaben. Doch von jetzt an wird dieses Buch interaktiv.

Für die folgenden Übungen brauchen wir einiges. Daher wünsche ich mir, dass du dir ein leeres Blatt Papier besorgst – je größer, desto besser. Und ein paar farbige Stifte.

Aber keine Sorge: Ein Bastelprojekt wird das hier jetzt nicht. Und um irgendwelche künstlerischen Ansprüche geht es auch nicht. Zu sehen bekommt das Ergebnis deines Engagements niemand anders als du selbst. Lass trotzdem nicht nur dein inneres Kind von der Leine, sondern auch die Kunstschaffende in dir. Und hab Spaß! Sei kreativ, lass dich von dem Wort aber nicht ins Bockshorn jagen. »Kreativ« heißt hier nur, dass du dir Raum zum Spielen lässt und dir keinen Fehler übel nimmst. Wir beide machen jetzt was zusammen. Und fangen mit einer Fokus-Übung an.

Erinnerst du dich an das 5-4-3-2-1-Spiel von Seite 18? Solltest du es vorhin ausgelassen haben, hol es jetzt bitte nach. Anschließend machen wir noch eine kurze Atemübung. Die überspring bitte nicht, denn für alles Weitere ist sie äußerst hilfreich.

Übung

Fokussiertes Atmen

Tief einatmen, tief ausatmen.

Lenk deine Aufmerksamkeit auf den Atem und zähle bis fünf beim Einatmen, bis fünf beim Ausatmen. Wiederholen.

Zähl nun beim Einatmen bis fünf und halte die Luft bis fünf an. Das Gleiche beim Ausatmen. Einatmen, Luft anhalten, ausatmen, nicht atmen. Einatmen, anhalten, ausatmen, nicht atmen.

Bleib mit der Aufmerksamkeit beim Atmen und achte darauf, wie es sich anfühlt. Ist die Luft kühl oder warm? Wie hört sich das Einatmen an? Und das Ausatmen? Riecht die Luft oder schmeckt sie vielleicht sogar nach irgendwas? (Denk an die 5-4-3-2-1-Übung und bring alle Sinne ins Spiel.)

Sobald du dich in deinem Körper verankert fühlst, lenkst du deine Aufmerksamkeit auf dieses Buch und die Hände, die es halten. Wie fühlt sich das Buch in deinen Händen an? Und wie geht es deinen Händen beim Halten? Wie fühlt sich der Umschlag an? Und wie empfinden deine Finger die Berührung der Seiten? Hältst du die Hände eher steif oder locker? Sind sie entspannt oder leicht verkrampft? Kühl oder warm?

Du findest diese Fragen seltsam? Sind sie wahrscheinlich auch.

Wie oft denkst du schließlich so intensiv über deine Hände nach? Oder überlegst, wie sie sich wohl anfühlen?

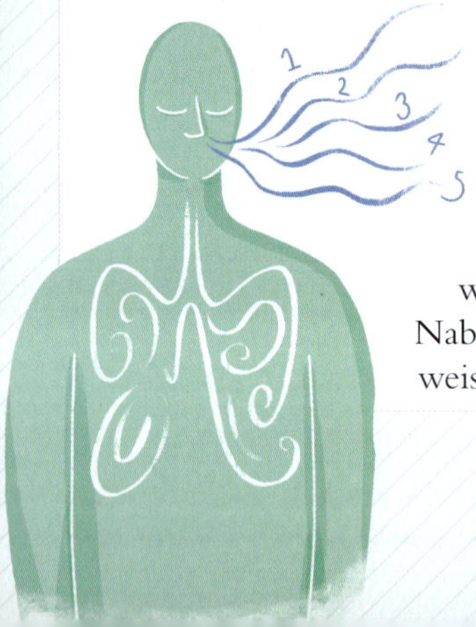

Wahrscheinlich eher selten. Du hast viel zu tun, das Leben setzt andere Prioritäten, und die Betrachtung der eigenen Finger kommt dir womöglich ein bisschen wie Nabelschau vor. Beziehungsweise Handschau.

Übung

Betrachte deine Hände

Setz dich hin und betrachte in Ruhe deine Hände. Leg das Buch – nach dem Durchlesen dieser Übung – weg und schau sie dir richtig an.

Schau dir die Finger an, die Fingerkuppen, Handrücken, -gelenke und – natürlich – die Innenflächen. Betrachte die Stellen, an denen die Finger in den Handteller übergehen, und das feine Gewebe zwischen Daumen und Zeigefinger. Guck dir deine Nägel an: Sind sie abgekaut, lackiert, lang, kurz, spröde? Achte auf raue Stellen und Narben. Auf Unebenheiten und blaue Flecken. Sommersprossen, Grübchen, Male oder Tattoos. Wie lang sind deine Finger? Sind manche länger? Oder auffallend kurz? Welche Form haben deine Handflächen?

Die weichen Stellen am Ansatz der Finger bezeichnen wir als »Berge«. Sticht einer besonders hervor? Oder wirkt ein anderer eher eingesunken? Vielleicht trifft beides nicht zu. Achte trotzdem darauf.

Registriere auch die Form deiner Fingerkuppen: Sind sie sanft gerundet oder eher eckig? Vielleicht sind sie auch »spatelförmig«, also oben breiter als am Gelenk.

Leg deine Hände aneinander und spüre ihren Kontakt. Nimm die Beschaffenheit der Haut wahr und ihren aktuellen Zustand. Sind deine Hände warm oder kalt? Leicht klebrig-feucht? Weich? Hart und zupackend? Stark? Rau? Schwielig oder seidig-glatt? Vielleicht ja auch beides – an unterschiedlichen Stellen.

Versuch vorsichtig, die Finger beider Hände abwechselnd nach hinten zu drücken. Auf wie viel Widerstand stößt du dabei? Wie viel Spannung trägst du in deinen Gelenken? Tut es vielleicht sofort weh?

Vielleicht sind deine Gelenke auch hypermobil. Achte darauf, wie sich das in deinen Fingern anfühlt.

Genau wie die Fingerabdrücke sind auch die Abdrücke der Hände bei jedem Menschen einzigartig. Nur du hast exakt deine Hände. Und eben das macht sie zu einem so bedeutenden Sprachrohr deiner persönlichen Geschichte.

Beim Handlesen spielen alle diese Dinge eine Rolle, und deshalb werden wir sie auch alle notieren. Denn im Folgenden erstellen wir eine Art Landkarte deiner Hände.

Übung

Die Kartierung deiner Hände

Zeichne die Umrisse deiner Hände nebeneinander auf dem Papier nach. Lass zwischen beiden genug Platz für Bemerkungen und Beobachtungen.

Wohlgemerkt: Du erfasst die Umrisse der *Rückseiten* deiner Hände – sodass die Innenflächen nach oben zeigen. Auf diese Weise entspricht die Zeichnung in Form und Größe genau den Handtellern, die wir später betrachten.

Bestimme zunächst deine dominante Hand. Es ist diejenige, mit der du zeichnest. In aller Regel suchen wir in der nicht dominanten Hand nach angeborenen Talenten, nach Eigenschaften und der bisherigen Lebensgeschichte, in der dominanten dagegen nach bewussten Entscheidungen und Potenzialen.

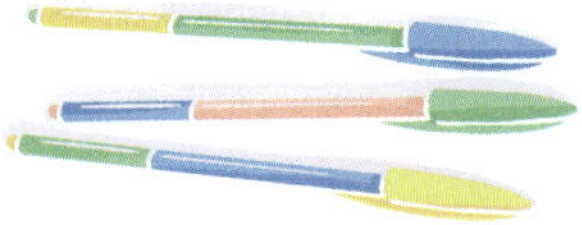

Was macht deine Hände zu deinen Händen?

Füge nun bitte die besonderen Merkmale deiner Hände hinzu – das, was sie von anderen unterscheidet und zu deinen ureigenen Händen macht. Denk dabei an alles, was wir auf den Seiten 29 bis 31 behandelt haben. Berücksichtige die Struktur deiner Haut, den Muskeltonus, eventuelle Narben oder Unebenheiten.
Ich zum Beispiel würde die Narbe auf meinem linken Zeigefinger einzeichnen sowie die leichte Beule am rechten, die auf zwanzig Jahre Mit-der-Hand-Schreiben zurückgeht. Auch würde ich den Ring einzeichnen, den ich am kleinen Finger meiner Rechten trage, und ich würde auch meine abgeknabberten Nägel nicht unterschlagen. Genauso wenig die raue Stelle an meinem Ringfinger. Nach traditionellem Handlesen hören sich diese Dinge für dich wahrscheinlich nicht an. Für die Geschichte, die wir erzählen werden, spielen sie jedoch eine große Rolle. Denn sie setzen Ideen frei, auf die wir sonst nie kommen würden.

Außerdem solltest du sicherstellen, dass die Fingerspitzen auf deiner Zeichnung denen entsprechen, die du in Wirklichkeit hast: rund, eckig oder eher spatelförmig.
Kommt dir einer deiner Finger besonders lang oder kurz vor, mach dir eine Notiz (solltest du dir nicht sicher sein, ist es wahrscheinlich nicht der Fall, aber darauf kommen wir im nächsten Kapitel zurück). Ragt für dich einer deiner Berge besonders hervor, zeichnest du ihn bitte ein. Weißt du es nicht genau, hilft eine Fotokopie der Handfläche. Darauf erkennst du den markantesten Berg sofort. Wenn du magst, kannst du auch die Linien deiner Hände locker einzeichnen. Musst du aber nicht! Wir sprechen bald ausführlich über sie, und dann kannst du es immer noch tun. Sollte sich bei dir allerdings eine Linie besonders tief eingegraben haben, ist es keine schlechte Idee, sie jetzt schon zeichnerisch festzuhalten.

3

Alle Formen und Größen

Das Leben ist schon knifflig genug. Lass uns deshalb ganz einfach anfangen. Und zwar nicht im Spirituellen, sondern im – buchstäblich – Handfesten.

Also beginnen wir mit dem Offensichtlichen – wie bei der Kartierung unserer Hände im vorigen Kapitel auch schon. Was würden Fremde aus deinen Händen über dich erfahren können, wenn sie nicht die geringste Ahnung vom Handlesen hätten?

Welche Geheimnisse verraten deine Hände?

Hautbeschaffenheit: Dünne Haut kann einfach etwas mit dem Alter zu tun haben. Womöglich deutet sie aber auch darauf hin, dass man mit dir behutsam sein sollte oder du in irgendeiner Form besonders verwundbar (»dünnhäutig«) bist. Eine eher dicke Haut kann dagegen für eine gewisse Robustheit sprechen.

Muskeltonus: Wie fest kannst du zupacken? Wie entwickelt ist deine Muskulatur? Harte Hände deuten mit einiger Sicherheit darauf hin, dass du eine Zeit lang draußen oder jedenfalls körperlich gearbeitet hast (womöglich sind deine Hände auch etwas schwielig). Weiche Hände dagegen zeigen, dass du eher geistig arbeitest. Besonders zarte Pfötchen können ein Hinweis darauf sein, dass du dich pflegst und auch stolz darauf bist.

Flexibilität der Hände und speziell der Finger: Wie biegsam sind sie? Wie leicht lässt du dich umstimmen?

Narben und jüngere Zeugnisse von Verletzungen: Was ist da passiert? Welche Wunden hat dir das Leben zugefügt? Wie konnten diese Dinge geschehen – und warum?

Tattoos: Mehr als vieles andere sagen Tätowierungen darüber aus, wer wir sein wollen oder einst sein wollten. Schau dir deine Hand an und überlege, warum du dich für dieses Tattoo entschieden hast. Passt es noch zu dir? Liest du die Hand einer anderen Person, sind Tattoos ein guter Einstieg in ein Gespräch über Wahlmöglichkeiten.

Chirognomie

Die Charakterdeutung anhand der Handform oder, genauer gesagt, des Zusammenspiels von Handflächenform und Gestalt der Fingerspitzen, nennt man Chirognomie.

Sie stellt eine der einfachsten und ältesten Arten des Handlesens dar und funktioniert im Grunde wie die Astrologie: Bestimmte Handtypen werden gruppenweise zusammengefasst und den entsprechenden Personen ähnliche Charakteristika zugeschrieben.

Zwar lässt sich ein ganzes Menschenschicksal nicht allein an den Händen festmachen. Die Vorstellung wäre ja lächerlich. Jedoch bietet die Chirognomie – ergänzend zu vielen anderen Faktoren – ein System, das die Sicht auf das Leben und die Zukunft enorm verbessern kann.

In verschiedenen Traditionen werden die Handformen unterschiedlich unterteilt. Die ganze Chose kann sehr komplex und auch ziemlich kontrovers werden – manche beziehen neben der Hauttönung sogar ganze sieben verschiedene Typen von Handflächen in die Analyse ein. Wir jedoch beschränken uns auf die Betrachtung von Innenfläche und Fingern und unterscheiden dabei jeweils nur zwei Formen.

Das fällt uns deshalb so leicht, weil wir keiner bestimmten Tradition und keinem glaubensbasierten Hintergrund verpflichtet sind. Deshalb müssen wir uns auch an keine Lehren irgendeines spirituellen Vordenkers halten. Stattdessen versuchen wir lediglich, alles Wissen, das wir aufbringen können, einzusetzen, um uns selbst kennenzulernen und anderen unsere Erkenntnisse weiterzugeben. Ich empfehle dir ausdrücklich, dich eingehend mit den verschiedenen Traditionen zu befassen, solltest du das Bedürfnis danach verspüren. Nötig ist es aber definitiv nicht. Denn es geht ja darum, uns das Leben leichter zu machen – und nicht noch komplizierter. (Ist es nicht schon schwer genug?)

Die meisten westlichen Schulen des Handlesens assoziieren die Handtypen mit den vier Elementen Erde, Wasser, Feuer und Luft.

Solltest du es mit der Astrologie haben, sind dir diese Begriffe schon bekannt, denn auch jedes Sternzeichen wird ja einem der Elemente zugeordnet. Außerdem weißt du wahrscheinlich, dass jedes Element mit bestimmten Assoziationen und Ideen verbunden ist. Insofern ähnelt die Astrologie durchaus dem Handlesen. Was zu wissen im weiteren Verlauf nicht schaden kann.

Wir haben also vier Elemente und mithin vier Kombinationen aus Handflächen und Fingern. Solltest du dich ein bisschen mit Mathe auskennen, kannst du dir ausrechnen, dass von zwei Arten von Handflächen die Rede ist und von zwei Fingertypen. (Siehst du? Ist doch ganz einfach.)

Es gibt quadratische Handflächen, die oben genauso breit sind wie unten. Assoziiert werden sie in der Regel mit Ausgewogenheit und Stabilität.

Rechteckige Handflächen sind länger als breit und werden eher mit Unbeständigkeit und Instabilität assoziiert.

Bei Fingern unterscheiden wir »kurze« und »lange«. Kurze Finger sind kürzer als die Handfläche. Sie sprechen von Tempo und Impulsivität.

Lange Finger (die einfach nur länger sind als die Handfläche) weisen oft auf Intellektualität und abstraktes Denkvermögen hin.

Übrigens: Die Lagepläne unserer Hände sehen anfänglich noch ziemlich simpel aus; mit jedem neuen Kapitel werden sie jedoch komplexer.

Schau dir deine Zeichnung an und vergleiche sie mit deinen echten Händen. Was hast du dir im vorigen Kapitel notiert? Wenn du magst, kannst du die Handfläche auf dem Papier gern um ein eingezeichnetes Rechteck oder Quadrat ergänzen und schauen, welche Variante deiner echten Hand besser entspricht.

Und mach dir keine Sorgen, wenn du nicht sofort Klarheit hast. Dies ist nur ein Element eines ganzen Systems, das wir in diesem Buch behandeln. Entscheide dich einfach für die Variante, die dir am wahrscheinlichsten vorkommt. (Denn natürlich sind unsere Entscheidungen hier nicht weniger bedeutsam als die Handform, mit der du geboren wurdest.)

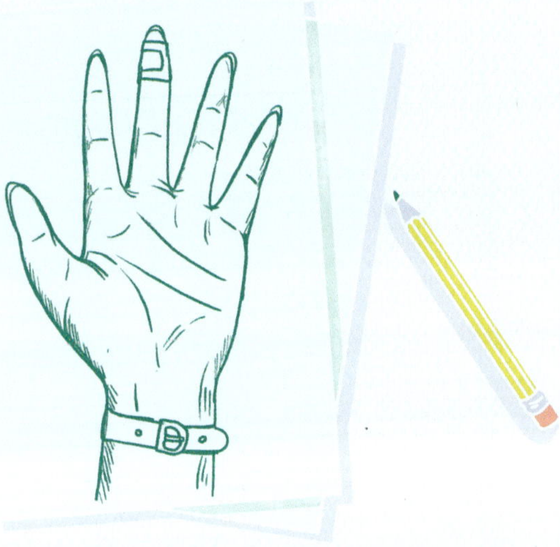

Damit das Bild jetzt bereits etwas schärfere Konturen erhält, kombinieren wir nun Handflächen und Finger.

Feuerhand

Handfläche: *rechteckig*

Finger: *kurz*

Zugeordnete Sternzeichen: *Widder, Löwe, Schütze*

Assoziierte Begriffe: *leidenschaftlich, impulsiv, extrovertiert, abenteuerlustig, fürsorglich, bestimmend, aktiv*

Wasserhand

Handfläche: *rechteckig*

Finger: *lang*

Zugeordnete Sternzeichen: *Fische, Krebs, Skorpion*

Assoziierte Begriffe: *idealistisch, introvertiert, ruhig, unentschieden, einzelgängerisch, fantasievoll, mysteriös*

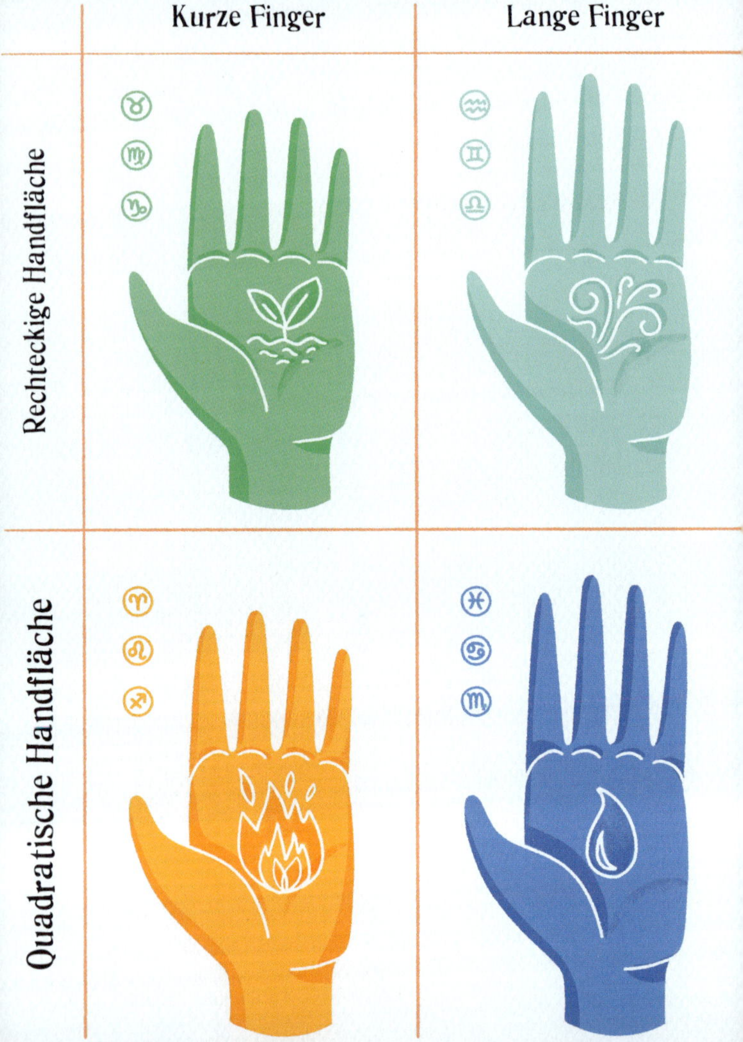
Kurze Finger
Lange Finger
Rechteckige Handfläche
Quadratische Handfläche

Erdhand

Handfläche: *quadratisch*

Finger: *kurz*

Zugeordnete Sternzeichen: *Stier, Jungfrau, Steinbock*

Assoziierte Begriffe: *realistisch, pragmatisch, geerdet, verlässlich, loyal, stur, schnell, stark*

Lufthand

Handfläche: *quadratisch*

Finger: *lang*

Zugeordnete Sternzeichen: *Wassermann, Zwillinge, Waage*

Assoziierte Begriffe: *ruhelos, neugierig, intellektuell, analytisch, kraftvoll, aufregend, instabil, widersprüchlich*

Schau dir jetzt deine Skizze noch einmal an. Suche die Elementhand, die zur Länge deiner Finger und Form deiner Handfläche passt. Notier sie dir.

Eine Übereinstimmung mit deinem Sternzeichen muss nicht vorliegen. Sollte es doch eine geben, deutet sie auf eine enge Entsprechung der aufgezählten Charakteristika mit deiner Persönlichkeit hin. Andernfalls ergibt die Kombination aus Sternzeichen und Elementhand ein nuancenreiches Bild von dir und deiner Zukunft. Die Astrologie ist sogar noch älter als das Handlesen. Im nächsten Kapitel erfährst du Näheres über die Verbindung der beiden Techniken.

Ich weiß, was du jetzt denkst: Du fragst dich, ob wohl tatsächlich eines der Elemente zu deiner Persönlichkeit passt – und ob wirklich jede Person mit langen Fingern klug ist und alle, die kurze Finger haben, impulsiv sind. Natürlich nicht! Vielleicht hältst du derart breit gefasste Kategorien für rundum unsinnig. Aber bleib erst einmal bei deinen ursprünglichen Gefühlen. Mach dir eventuell sogar einen entsprechenden Vermerk in deiner Skizze. Denn solche Gefühle können genauso viel über dich enthüllen wie physische Merkmale – und eine Menge über dich, deine Geschichte und vor allem deinen Hintergrund verraten.

Jetzt geht's richtig los mit dem Handlesen. Und damit du dir vorstellen kannst, wie es praktisch laufen kann, gebe ich dir zunächst ein Beispiel aus meiner therapeutischen Praxis. (Name und Einzelheiten, an der man die Person erkennen könnte, wurden verändert.)

Fallstudie

Lolas Hände

Lolas quadratische Handflächen sind deutlich länger als ihre Finger. Das ist eine Tatsache, die sich nicht wegdiskutieren lässt. Auch nicht von Lola. Und doch war sie total sauer, als sie diese Info anlässlich ihres ersten Besuchs bei mir bekam – weil diese sie nämlich zu einer Erdhand machte. Und damit wollte sie sich nicht identifizieren, weil sie die Erde für das langweiligste der Elemente hielt: schmutzig, düster und immer am Boden. »Warum kann ich nicht luftig, verspielt und cool sein wie eine Wasserhand?«, fragte sie mich. »Oder so wild und aufregend wie eine Feuerhand?« Was sie eigentlich wissen wollte, war jedoch: Muss ich denn unbedingt realistisch und pragmatisch sein? Und verlässlich? Muss ich wirklich die Geerdete sein?
Und hier nun wird es interessant: Es geht nämlich gar nicht darum, dass Lola eine Erdhand ist. Das eigentlich Interessante ist ihre Antwort. Im Laufe unserer Unterhaltung wurde klar, dass Lola im Grunde alle Eigenschaften der Erdzeichen sehr schätzte. Sie hielt sie sogar für mit die wichtigsten,

die ein Mensch nur haben kann. Warum aber war sie dann so anti, als es um sie selbst ging?
Von dieser einen Beobachtung ausgehend, konnten Lola und ich ein Gespräch über ihr Leben, ihre Vergangenheit und Persönlichkeit führen. Dabei fanden wir heraus, dass sie aufgrund einer schwierigen familiären Situation schon viel zu früh das Gefühl hatte, verlässlich und zuverlässig sein zu müssen. Und als Erwachsene hatte sie nun keine Lust mehr auf diese Rolle. Sie assoziierte die beiden Begriffe mit dem an sie gestellten Anspruch, mehr zu geben, als sie konnte. Es war nicht etwa so, dass sie sich nicht mehr mit ihnen identifizierte – sie wollte sich nur nicht länger von ihnen definieren lassen. Sie wollte mehr sein als das.
Was das sein konnte? Genau das schauten wir uns natürlich als Nächstes an. Dabei diente ihr Background (die Form ihrer Hände stand für die Dinge, die sie durchgemacht hatte) als Leinwand für die »coole, aufregende« Zukunft, die sie sich ausmalte …

4

Götter, Planeten, Finger

Da du dich fürs Handlesen interessierst, kennst du dich bestimmt wenigstens rudimentär mit den Sternzeichen aus und bist auch mit der Idee vertraut, dass die Planeten auf unser Leben einwirken.

Sollte das nicht der Fall sein: Die Planeten um uns herum plus Sonne und Mond symbolisieren bestimmte Eigenschaften. Verkörpert werden diese von den alten römischen Göttern, denen die Planeten ihre Namen verdanken. In Bezug auf unser irdisches Leben bestimmen die Planetenbewegungen so einiges.

Kannst du mir noch folgen?

Für manche Astrologen und Astrologinnen repräsentieren die Planeten den Willen Gottes; andere vertreten die Auffassung, die Planeten spiegelten oder lenkten gar die unbewussten Triebe und Impulse der Menschen. Was auf jeden Fall von den Planeten geprägt wird, ist unsere Interaktion.

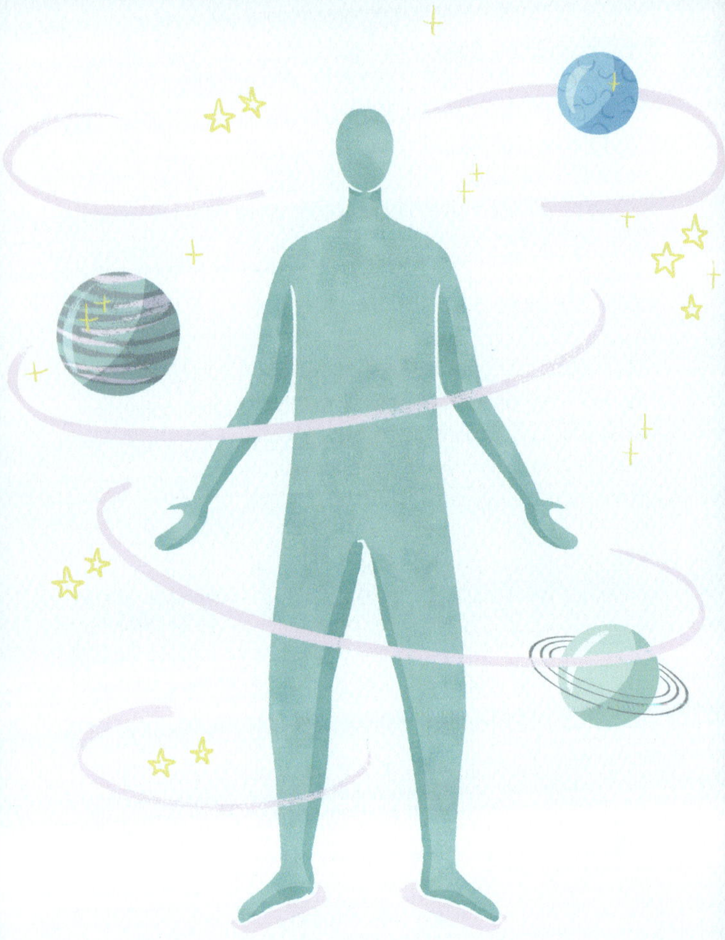

Die zwölf Häuser

Der Himmel ist in 12 »Häuser« unterteilt – von denen jedes mit einem Zeichen des Tierkreises verbunden ist. Mit der Bewegung der Erde scheinen die Planeten durch diese Häuser zu wandern. Zusammen prägen die Eigenschaften des Hauses und die des Planeten das Schicksal der Menschen, die zu einer bestimmten Zeit geboren werden.

Da Uranus, Neptun, Pluto und Ceres mit dem nackten Auge nicht ohne Weiteres zu erkennen sind, spielten sie in der klassischen Astrologie keine Rolle. Mittlerweise wird Uranus mit Wassermann, Neptun mit Fischen und Pluto mit Skorpion in Verbindung gebracht. Ceres seinerseits ist so jung, dass die Meinungen noch auseinandergehen … Für die etablierte Handlesekunst haben diese Planeten ohnehin keine Bedeutung, also brauchst du sie eigentlich auch nicht zu beachten.

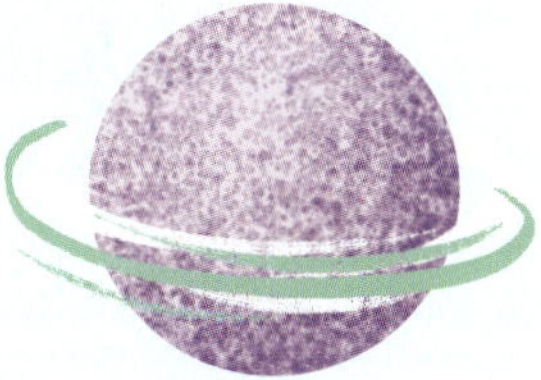

Die astrologische Bedeutung der Planeten

Sonne: Sol, Apollo, Kreativität, Spontaneität, Ego, Bewusstsein, Feuer, Vitalität, Löwe

Merkur: Lebhaftigkeit, Kommunikation, Schnelligkeit, Rationalität, Bildung, Gelegenheiten, Jungfrau, Zwilling

Venus: Romantik, Liebe, Schönheit, Vergnügen, Harmonie, Leichtigkeit, Großzügigkeit, Waage, Stier

Erde: Wir! Der Ausgangspunkt, von dem aus wir das alles beobachten

Mond: Intuition, Instinkt, Luna, Diana, junges Mädchen, Mutter, alte Frau, unbewusst, Krebs

Mars: Krieg, Blut, Konfrontation, Energie, Wildheit, Fieber, Abenteuer, Widder, Skorpion

Jupiter: Führung, Ehrgeiz, Extravaganz, Erkundung, militärisch, politisch, Stärke, Schütze, Fische

Saturn: intellektuell, ernst, Ausgewogenheit, Vernunft, Nüchternheit, Einsamkeit, Fokus, Ethik, Steinbock, Wassermann Okay, klar. Hab verstanden. Aber was hat das alles mit Handlesen zu tun?

Dass deine Hand- und Fingerabdrücke einzigartig sind, ist wissenschaftlich erwiesen. Du kannst dir demnach deine Handflächen (und die Finger) als individuellen Schnappschuss deiner Identität vorstellen – so wie das Geburtshoroskop eine Art Schnappschuss deiner Geburt darstellt. Und genau wie dieses steht auch deine Handfläche unter der Regie der Planeten.

Schau dir nun bitte den skizzierten Umriss deiner Hände an. Welche Finger sind dir besonders ins Auge gefallen? Vielleicht auch ein bestimmter Berg?

Wir haben die Zeichnung unter anderem deshalb schon sehr früh angefertigt, weil wir verhindern wollen, dass wir auf unsere inneren Vorurteile hereinfallen. So können wir uns einen objektiven Eindruck von unseren Händen bilden – und decken eventuell auch Charakterzüge auf, die uns sonst entgangen wären. Würden wir uns unsere Hände jetzt erst ansehen, wäre die Gefahr groß, dass wir vorgefasste Vorstellungen mit einfließen lassen. Behalte die Skizze also bitte immer im Kopf – und behandle sie beim späteren Lesen so, als gehörten die Hände einer dir vollkommen fremden Person.

Finger und Berge

Zu jedem Finger gehört der Berg an seinem Ansatz. Und beide – Finger und Berg – werden mit einem Planeten in Verbindung gebracht. Die Länge jedes einzelnen Fingers und die Ausgeprägtheit des dazugehörigen Berges sagen etwas über das herrschende Element aus.

Je länger der Finger (und je ausgeprägter der Berg), desto mehr ähneln im Allgemeinen die Persönlichkeitszüge der betreffenden Person denen des assoziierten Gottes. Aber halt! Das heißt natürlich nicht, dass du dich plötzlich als Bundeskanzlerin sehen kannst, nur weil du bei dir einen besonders ausgeprägten Jupiterberg entdeckt hast. Es bedeutet nur, dass es sinnvoll wäre, einmal über Themen wie Leitung und Menschenführung nachzudenken. Oder sie anzusprechen.

Hauptsächlich beschäftigen wir uns hier mit langen Fingern oder ausgeprägten Bergen. Bei der Fokussierung auf »kurze« Finger und wenig ausgebildete Berge geht es dagegen mehr um fehlende Eigenschaften – was einer Orientierung auf die Zukunft nicht dienlich ist. Fürs traditionelle Wahrsagen mag es noch ganz nützlich sein, für unseren therapeutischen Ansatz jedoch bringt es gar nichts. Um dich stärker oder kompetenter zu fühlen, brauchst du nicht zu wissen, was aus antiker Sicht mit dir nicht stimmen könnte. Neue Perspektiven ergeben sich viel eher aus der Konzentration auf unsere Stärken.

Notier dir alles, was dich auf den nächsten Seiten besonders anspricht, und alles, was dir sonst einfällt, in der Skizze deiner Hände. Arbeite dabei gern mit Buntstiften. (Ich zum Beispiel finde es sehr hilfreich, die Berge in unterschiedlichen Farben zu markieren.) Gestalte dein Bild so bunt – und vielleicht sogar schillernd –, wie es dir gefällt. Und wie es dich widerspiegelt.

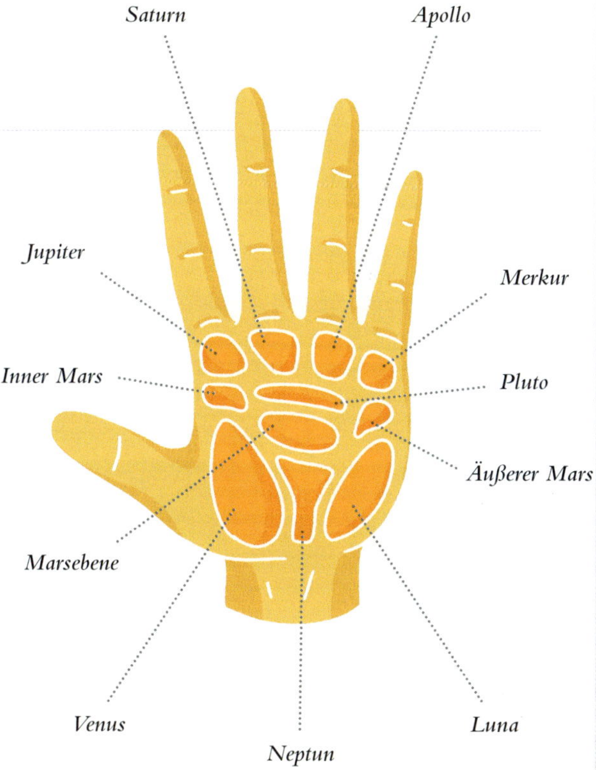
Saturn
Apollo
Jupiter
Merkur
Inner Mars
Pluto
Äußerer Mars
Marsebene
Venus
Luna
Neptun

Kleiner Finger

Der kleine Finger und der Berg an seinem Ansatz gehören zu Merkur. Merkur (alias Hermes) ist der Gott der Reisenden, Gauner und Boten; er hat Flügel an den Schuhen sowie an seinem Helm und unterstützt die Seelen auf ihrem Weg in die Unterwelt. Auch ist er der Gott der Grenzen, des glücklichen Zufalls und der Divination.

Im Wesentlichen regiert dieser Finger Dinge wie die Kommunikation.

Ein sehr langer Merkurfinger (also höher reichend als das obere Gelenk des Ringfingers) deutet auf einen expressiven, hochentwickelten Kommunikationsstil hin: Sagst du etwas, wird es verstanden. Die Leute halten dich für geistreich und originell, für eloquent und locker drauf. Ihre Aufmerksamkeit ist dir sicher – und du hast sie verdient.

Ein kurzer Merkurfinger bedeutet nicht, dass du dir kein Gehör verschaffen könntest. Sondern womöglich, dass es dir insgeheim an dem dafür nötigen Selbstvertrauen fehlt. Dies könnte dich tatsächlich hemmen und vielleicht sogar ein bisschen kindlich wirken lassen. Nur Mut – trau dich was!

Der Berg des Merkur wird ganz ähnlich aufgefasst: Stark ausgebildet spricht er für großes Selbstvertrauen und noch größere Kommunikationsfähigkeiten. Ob das aber immer das Beste ist? Ein extrem ausgeprägter Merkurberg kann auch bedeuten, dass du dich vorsichtiger ausdrücken solltest. Platzt du vielleicht manchmal allzu schnell mit einer Bemerkung heraus? Reagierst du auf Menschen, die eindeutig langsamer sind als du, mit Freundlichkeit? Und denkst du auch immer erst nach, bevor du den Mund aufmachst?

Ringfinger

Der Ringfinger und der Berg an seinem Ansatz gehören zu Apollo. Dieser wird mit der Sonne in Verbindung gebracht und ist der Zwillingsbruder von Artemis (der Tochter des Mondes). Als schönster aller Götter ist er der Erfinder des Bogenschießens sowie Schutzpatron von Musik, Tanz, Poesie und Gesang. Er ist rasend schnell, lustig und jugendlich (auch der Gott der jungen Menschen). Und was die Themen Kreativität und Ego betrifft, legt er (nicht anders als die Youngsters) so einige Doppelschichten ein.

Wir vergleichen den Apollofinger mit dem neben ihm liegenden Mittelfinger. Schau dir die Kuppe deines Ringfingers an: Befindet sie sich ober- oder unterhalb vom Beginn des Nagelbettes des Nachbarn?

Ein langer Apollofinger spricht für echte Kreativität, die große Leidenschaft fürs Erschaffen von Neuem. Vielleicht bist du ja musikalisch begabt, hast einen Sinn für Ästhetik oder auch nur die viel zitierte künstlerische Veranlagung.

Dagegen heißt ein kurzer Apollofinger nicht, dass du nicht kreativ wärst. Sondern nur, dass deine schöpferische Ader nicht richtig erkannt wird: dass du nicht dieselbe Anerkennung erfährst, die anderen zuteilwird, oder dass du nicht den Freiraum hast, in dem du dich künstlerisch entfalten könntest. Das frustet dich vielleicht, macht dich gereizt oder schnippisch und lässt dich egoistisch wirken. Lass dich von diesem Frust aber keinesfalls auffressen – und dir schon gar nicht deine Kreativität austreiben. Vielleicht musst du ja tatsächlich etwas egoistischer werden und mehr an dich denken – mehr Apollo sein! Hab Spaß!

Der auch als Berg der Sonne bekannte Berg des Apollo am Ansatz des Ringfingers steuert weitere Details bei: Ein ausgeprägter Apolloberg deutet auf Humor, eine positive Lebenseinstellung und große Leichtigkeit hin. Ist er wirklich, wirklich stark ausgeprägt, könnte dies ein Hinweis darauf sein, dass einige dieser Eigenschaften in extremer Form auftreten: allzu intensiv oder auch »zu laut«. Interessant ist in diesem Zusammenhang das Wort »laut«. Wie empfindest du es? Traditionelle Handleserinnen halten es womöglich für etwas Schlechtes, ich nicht. Gerade für Frauen ist eine gewisse Lautstärke manchmal von Vorteil. Kannst du dich mit diesem Gedanken anfreunden?

Mittelfinger

Der Mittelfinger und der Berg an seinem Ansatz gehören zu Saturn. Dieser Gott ist schwer zu beschreiben, doch im Englischen steht das Adjektiv »saturnine« für düster und ernst – was ja schon mal ein guter Ausgangspunkt ist. Saturn ist der Gott der Zeit, und sein Name hat im Lateinischen mit »aussäen« zu tun: So ist er auch Gott der Landwirtschaft und der Jahreszeiten. Er war zweimal verheiratet, mit einer Erntegöttin des Wohlstands und der Fülle und mit einer Kriegsgöttin des Blutes und der Zerstörung: Bei Saturn ist demnach alles insgesamt ausgeglichen – auch die Ehefrauen. Dieser Finger regiert also die Ausgewogenheit.

Als Merkhilfe kannst du dir eine Balkenwaage wie die von Justitia vorstellen. Dabei würde der Mittelfinger deren Drehpunkt entsprechen. Saturn kannst du als Richter betrachten: als Diener der Pflicht und des Gesetzes. In einigen Schulen des Handlesens gilt dieser Finger auch als Maßstab für Intellekt und Ehrgeiz.

Ein sehr langer Saturn-Finger ist ein Hinweis auf rasches Entscheidungsvermögen. Vielleicht fasst du deine Entschlüsse in aller Schnelle. Vielleicht nimmst du dir aber auch Zeit und kommst später zu einem ausgewogenen Ergebnis. Wahrscheinlich bist du mit einem langen Mittelfinger ziemlich clever und denkst viel nach. Unabhängig von deinem Bildungsgrad ist dir klar, dass manche Dinge im Leben wirklich ernst sind. Einiges ist von großer Bedeutung, und über Dinge dieser Art zerbrichst du dir den Kopf. Du grübelst wahrscheinlich viel zu viel.

Je kürzer dein Saturnfinger, desto risikofreudiger bist du. Das soll nicht heißen, dass du leichtsinnig oder unverantwortlich wärst. Aber dir ist bewusst, dass man mitunter auch mal ins kalte Wasser springen und schauen muss, was passiert. Ob du diesem Impuls nachgibst oder nicht – du vertraust deiner Intuition. Solltest du jedenfalls! Auf deinen Instinkt ist Verlass, und du weißt, was Sache ist.

Der Berg des Saturn ist selten der ausgeprägteste. Sollte er es sein, gilt dies als gutes Zeichen, denn es soll Glück bringen, vor allem in geschäftlichen und juristischen Belangen. Das korreliert natürlich – du wirst es dir schon gedacht haben – mit einer gewissen Ernsthaftigkeit, mit Verständnisbereitschaft und Kompetenz. Ein ausgeprägter Saturnberg kann aber auch bedeuten, dass du dich etwas zu sehr auf bestehende Systeme verlässt.

Zeigefinger

Der Zeigefinger und der ihm zugeordnete Berg gehören Jupiter, dem König der Götter. Assoziiere Führungsstärke, Ego und Erfolg! Unglaubliche Fülle, Großzügigkeit und Extravaganz; assoziiere Sozialkompetenz, Power und Kraft. Jupiter entspricht dem griechischen »Himmelsvater« Zeus; er wird auch mit Adlern sowie Blitz und Donner in Verbindung gebracht. Wenig überraschend also, dass sich bei diesem Finger alles um Macht und Power dreht.

Ein (den Ringfinger überragender) langer Jupiterfinger spricht für potenzielle Stärke. Du bist großartig, kannst viel und hast vielleicht auch schon einiges erreicht. Traditionell wird dieser Finger mit physischer (oder auch anderer) Kraft assoziiert. Du kriegst was geregelt! Verstehst deine Mitmenschen, und sie verstehen dich.

Die Frage ist nur: Setzt du deine Macht zum Guten ein? Hörst du immer genau hin, wenn jemand etwas zu dir sagt? Nutzt du deine unglaubliche Power, um die Menschen zu erhören, die dich brauchen? Und sprichst du in ihrem Namen? Nutzt du dein Potenzial, um anderen zu helfen?

Ein kurzer Jupiterfinger dagegen heißt nicht, dass du keine Führungsqualitäten hättest. Sondern vielleicht nur, dass du eine gewisse Schüchternheit noch nicht überwunden hast. Eventuell präsentierst du dich als kompetent, schlägst dich insgeheim aber mit Selbstzweifeln herum und weißt nicht, wie du sie ablegen sollst.

Und ein ausgeprägter Jupiterberg? Der sorgt für noch mehr Führungspotenzial, mehr starke, großherzige, extravagante Impulse. Das sagt dir was? Nun, setzt du deine Kraft zum Positiven ein? Oder könntest du dir selbst und anderen vielleicht noch nützlicher werden? Und wie kannst du deine Führungsqualitäten ausbauen?

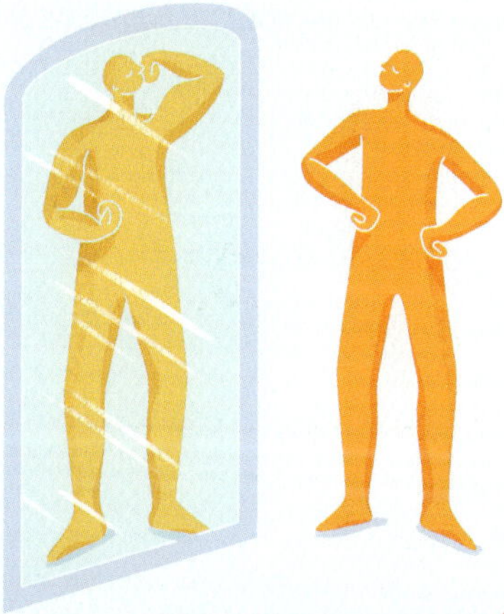

Daumen

Der Daumen gehört nur sich selbst und steht mit keinem Gott in Verbindung. An seinem Ansatz aber befinden sich zwei weitere Berge. Dies sind der Berg der Venus und der innere Mars.

Innerer Mars? Wie bitte? Nun, der Mars hat gleich zwei Berge – einen inneren oben am Ansatz des Daumens und einen direkt unterhalb des Merkurberges. Der Mittelteil der Handfläche, der von den Linien durchzogen wird (ja, zu denen kommen wir schon noch!), wird oft auch Marsebene genannt. Und das ist noch nicht alles. Schau in deine Hand. Siehst du die kleine Falte oberhalb des Daumenansatzes? Die wird manchmal auch als Marslinie bezeichnet.

Mars, im antiken Pantheon die Nummer zwei nach Jupiter, ist der Gott des Krieges. Er wird mit körperlicher Stärke, Aggression und Mut in Verbindung gebracht und wie Saturn auch mit der Landwirtschaft assoziiert. Vor allem aber steht er für Maskulinität und Virilität.

Dagegen repräsentiert Venus natürlich das ultimativ Weibliche: Sie ist die Göttin der Sinnlichkeit, des Sexuellen, der Lust, Begierde und Liebe. Sie steuert Fruchtbarkeit und Wohlergehen. Ihr Name leitet sich von den alten Wörtern für »Gefallen«, »Erlaubnis« und »Wunsch« ab. Sie ist die Verkörperung von üppiger Schwelgerei, Grazie und Feminität.

Die übrigen Berge

Schauen wir uns nun die restlichen Berge an – die ohne Finger.

Da gibt es noch die zwei anderen Marsberge: den äußeren Mars und die Marsebene. Oberhalb dieser befindet sich der Berg des Pluto. Unterhalb des äußeren Mars liegt der Berg der Luna; und unter Luna, ganz unten, unmittelbar über dem Handgelenk, der Berg des Neptun.

Luna, der Mondberg

Von allen Bergen ist mir der des Mondes der liebste. Frau Luna wird mit – na, wem? – natürlich mit Träumenden in Verbindung gebracht. Manchmal ist sie eine Göttin aus eigenem Recht, manchmal tritt sie auch mit anderen Göttinnen – der Himmelskönigin Juno oder Diana, der Göttin der Jagd – zusammen auf. Der Mondberg, der bei Frauen häufig stärker ausgeprägt ist als bei Männern, befindet sich unterhalb des kleinen Fingers. Beim traditionellen Handlesen gilt er moderat ausgebildet als ideal – nicht besonders hoch, was für allzu große Verträumtheit spricht –, aber auch nicht zu flach, was mit geringer Fantasie assoziiert wird.

Die Fragen, die dieser Berg aufwirft, drehen sich alle um Magie – Dinge wie Spiel, Kreativität und die Rolle des Unbekannten: Wie entwickeln sich diese Dinge bei dir? Glaubst du an Zufälle, das Schicksal oder die Lichtgestalten des Mondes? Besonders Frauen im gebärfähigen Alter kann der Mondberg veranlassen, darüber nachzudenken, ob sie im Einklang mit ihren hormonellen Zyklen leben. Wie reagierst du emotional auf die verschiedenen Mondphasen? Lässt du den Rhythmen der Natur in dir genügend Raum?

Der Berg des Neptun

Dieser Berg befindet sich direkt über dem Handgelenk. Neptun wird mit dem Meer assoziiert; in seinen Kompetenzbereich fällt das Tiefstliegende, das wahre Unbewusste.

Der Berg des Pluto

Passend für den König der Unterwelt, ist dieser Berg praktisch nie erhaben, sondern fast immer eher eingesunken. Wie tief er liegt, wird mit der Intensität unserer Gedanken über die großen Fragen des Lebens – Geburt, Sexualität und Tod – in Verbindung gebracht. Ein flacher Pluto-Berg steht für Gelassenheit auf diesem Gebiet; ein tief liegender deutet darauf hin, dass du dich mit entsprechenden Entscheidungen schwertust.

Mars

Lass uns zum Schluss noch einmal auf Mars zurückkommen.

Sagt dir das Wort Schachboxen etwas? Bei diesem seltsamen Sport wechseln Blitzschach und Boxen einander ab. Was typisch Mars ist: Dem inneren Mars entspricht das Boxen, dem äußeren das Blitzschach. Wir haben ja schon viel über Kraft, Krieg und Mut gesprochen – und beim äußeren Mars geht es nun paradoxerweise um die innere Version dieser Dinge. Der äußere Mars regiert sowohl die emotionale als auch die geistige Stärke. Ein erhabener Mars weist auf stark entwickeltes Selbstbewusstsein und Durchsetzungsvermögen hin. Interessant: Bei den meisten Menschen ist entweder der äußere oder

der innere Mars erhaben; dass beide es sind, kommt äußerst selten vor. (Von wie vielen Schach spielenden Boxchampions weißt du? Eben.)

Eine Sonderrolle spielt die Marsebene: Sie stellt die Mitte der Handfläche dar, in der sich die Linien treffen und auseinandergehen. Von Bedeutung ist sie nicht etwa, weil sie erhaben oder vertieft sein könnte, sondern weil sie die Leinwand ist, die unsere Handlinien trägt.

5

... nur ein paar Linien

Wahrscheinlich erstaunt es dich, dass du schon bald am Schluss des Buches angelangt bist und immer noch nichts über die Handlinien erfahren hast. Denn bestimmt dachtest du, dass es vor allem auf sie ankommt. Doch wenn du eines inzwischen weißt, dann, hoffe ich, ist es dies: Wenn wir über dich sprechen – über deine Vergangenheit und deine Zukunftsperspektiven –, berücksichtigen wir alles. Deine Handfläche ist nur insoweit von Interesse, als sie eine Reihe konkreter Wege zeigt, auf denen das Unbewusste umherwandeln und die der Verstand kartieren kann.

Jeder dieser Pfade verbindet zwei mögliche Seinsweisen: zwei Interpretationsvarianten der Linie. Die jeweilige Linie ist die Stelle, an der wir die sogenannte Interaktion und Trennung dieser beiden Möglichkeiten einschätzen können. Um beides zugleich zu glauben, nichts davon oder eins von beidem, je nachdem, wie wir die Hand lesen und den Verlauf unseres Lebens in dem Moment interpretieren.

Und wie verrät uns die Linie das?

Nun, wenn wir uns eine Handlinie anschauen, betrachten wir ihre Länge, Tiefe und ihren »Fluss«, also den Weg, den sie nimmt. Wir stellen uns Fragen wie: Ist sie gebrochen? Gleichmäßig, gebogen/geschwungen, diffus? Wir fragen, wo sie beginnt und endet. Welche Berge oder anderen Teile der Handfläche kreuzt sie? Ist sie »markiert«?

Eine markierte Linie deutet auf ein Ereignis hin, das Fragen aufwirft – besonders, wenn sie mit einem Sternchen markiert ist. (Andere Markierungen können Kreuze oder Grübchen sein.)

Wenn wir »markiert« sagen, meinen wir: Hat die Linie Macken oder Abweichungen? Ein Kreuz oder etwas, was aussieht wie ein Sternchen? Denk kurz an deine Skizze – in die hast du bestimmt alles eingezeichnet, was dir aufgefallen ist.

Eine gebrochene Linie weist auf eine irgendwie geartete Störung hin, einen Bruch oder Riss.

Eine kurze oder flache Linie zeigt vielleicht, dass du dich mehr bemühen solltest, die entsprechende Sache in dein Leben zu holen; eine lange oder tiefe Linie wirft dagegen eventuell die Frage auf, ob und wie du die Geschichte entspannter betrachten kannst.

Allgemein gesagt: Wie verhält sich deine Linie im Vergleich zur »Standardlinie« (die es aber in der Realität nicht gibt). Welche Gespräche können sich daraus ergeben?

Auf den nächsten Seiten befassen wir uns mit den einzelnen Handlinien. Setzt du diese Infos dann in Relation zu dem Wissen über die Finger und Berge, entwickelt sich allmählich ein Bild. Eine Geschichte.

Schau dir jetzt bitte noch einmal die Skizze deiner Hände an. Du hast darin schon vieles markiert, von dem du nicht wusstest, was es zu bedeuten hat. Nun kannst du deine Zeichnung endlich fertigstellen. Notier dir von jetzt an alles auf und in der Skizze, die jetzt bereits aussehen dürfte wie das schönste Tohuwabohu.

In den meisten Handflächen finden sich vier Hauptlinien – zwei größere, die annähernd parallel zueinander, horizontal verlaufen, und zwei beinahe vertikale. Doch sie unterscheiden sich von einem Menschen zum anderen: Sie beginnen und enden beim einen nicht an derselben Stelle wie beim anderen. Wie das Leben auch nehmen sie einen unterschiedlichen Verlauf. Bei dir werden manche Linien auffallen, die in meiner Hand kaum zu sehen sind. Und umgekehrt. Selbst von den sogenannten größeren Linien finden sich nur vier garantiert auch in deiner Skizze wieder. Diese vier schauen wir uns jetzt mal genauer an.

Horizontal verlaufen Herz- und Kopflinie, wobei Erstere den Fingern näher ist und Letztere darunter verläuft.

Bei den vertikalen handelt es sich um Lebens- und Schicksalslinie. Erstere ist näher am Daumen (umschließt quasi den Venusberg), die andere liegt dahinter.

Vielleicht hast du noch eine fünfte, schwächer ausgebildete Linie, die Sonnenlinie, die vertikal an der dem Daumen gegenüberliegenden Seite der Hand verläuft. Bei ihr geht es um Wohlstand und Ruhm. Hast du die Prinzipien unserer Arbeit am Beispiel der größeren (siehe gegenüberliegende Seite) erst einmal verstanden, wirst du bald auch die kleineren Linien erfolgreich lesen können.

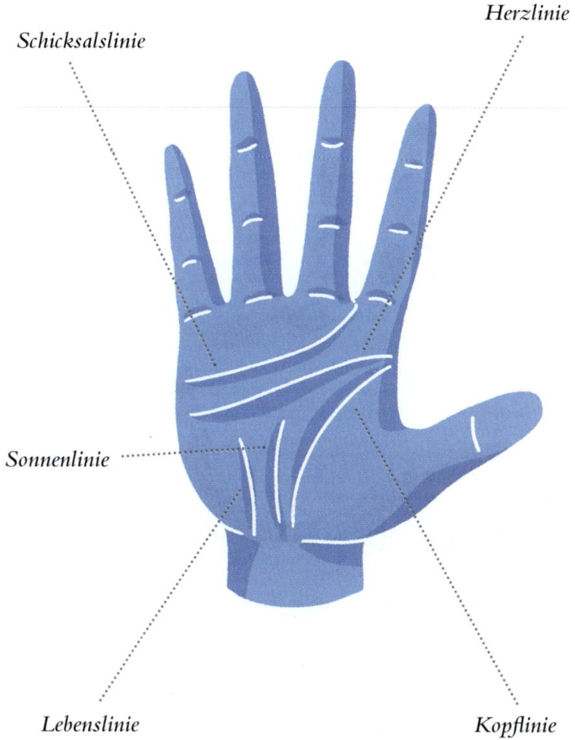
Herzlinie
Schicksalslinie
Sonnenlinie
Lebenslinie
Kopflinie

Herzlinie

Die Herzlinie verläuft horizontal im oberen Teil der Handfläche. Sie beginnt kurz über der Herzlinie und kann entweder gerade oder gebogen sein.

Sie regiert – was du bestimmt schon ahnst – Liebe, Sex und Beziehungen. Und da wir Menschen sinnliche, sexuelle Wesen sind, ist diese Linie bei den meisten stark ausgeprägt.

Schau, auf welchen Berg sich die Herzlinie zubewegt. Welche von dessen Eigenschaften bringst du in deine Beziehungen ein? Und taugt dir das? Bei den meisten endet diese Linie übrigens irgendwo zwischen dem Berg des Saturn und dem des Jupiter.

Die Herzlinie markiert Trennung und Zusammenkommen von Spaß und Schmerz – die grundlegende Dichotomie aller sinnlichen, sexuellen und emotionalen Beziehungen.

Jupiter ist natürlich der extravagante König der Sinnlichkeit – seine Affären, die ebenso legendär wie zahlreich waren, hinterließen eine Menge Babys, Herzschmerz, Reichtümer, und sie erschütterten die Welt. Mit einer

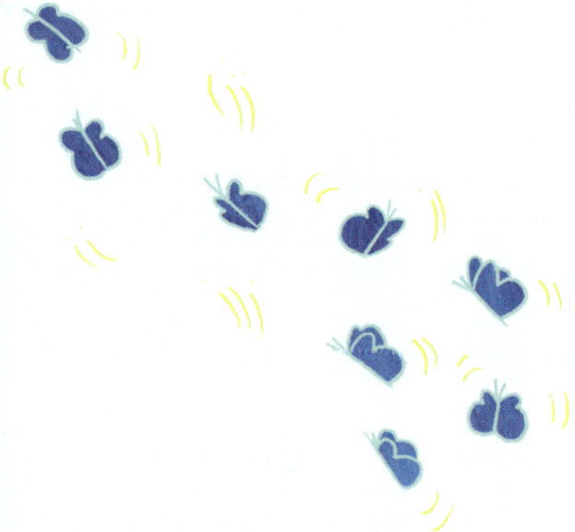

Jupiter-Herzlinie geht viel Verführerisches, mitunter aber auch Leichtsinniges einher.

Saturn dagegen ist ein seriöser Liebhaber: hingebungsvoll, treu sorgend, umsichtig und fest entschlossen, sich auch auf diesem Gebiet strikt an die Regeln zu halten. Eine »saturnische« Geliebte schützt ihre Grenzen und ist so zurückhaltend, dass sie dem Partner lange Wichtiges vorenthält – womöglich sogar etwas *zu* lange. Vielleicht bist du mal verletzt worden. Oder hast Angst davor.

Kopflinie

Die Kopflinie verläuft direkt unterhalb der Herzlinie und kann genau wie diese gerade oder gebogen sein. Sie repräsentiert einerseits das Unbewusste sowie das Bewusstsein und andererseits die höheren intellektuellen Aktivitäten des Mentalen (anstelle der unmittelbaren Körperlichkeit des Herzens).

Diese Linie hat es in sich. Normalerweise verläuft sie zwischen dem inneren und dem äußeren Mars und über die Marsebene. Sie wirft eine Menge Fragen auf und verlangt uns einiges ab.

Die Tiefe der Kopflinie repräsentiert die Intensität unserer geistigen Anstrengungen: Eine Unterbrechung deutet hier entweder auf einen Durch- oder einen Zusammenbruch hin. Bei intellektuellen Projekten kann es zu beidem leicht kommen. Sich rechtzeitig einige der großen Fragen zu stellen, wäre da keine schlechte Idee:

Mache ich zu viel Druck? Könnte ich mehr Gas geben? Mehr arbeiten? Oder eher weniger? Zerreibe ich mich in sinnlosen Schlachten, oder gehe ich Auseinandersetzungen aus dem Weg, obwohl ich moralisch verpflichtet wäre, mich zu engagieren? Dieser Art sind die Fragen, die die Kopflinie aufwirft, und ich empfehle dir dringend, die Chance nicht ungenutzt vorbeiziehen zu lassen, dich mit ihnen zu befassen.

Lebenslinie

Hier handelt es sich um die »vertikale« Linie, die den Venusberg quasi umschließt.

Das Wichtigste zuerst: Dieser Linie wird fälschlich nachgesagt, man könne an ihr die zu erwartende Lebenszeit ablesen. Völliger Quatsch! Eine lange Lebenslinie weist keineswegs auf ein langes Leben hin – und umgekehrt schon gar nicht. Denk nur an den »Tod« im Tarot: Der ist auch eher metaphorisch zu verstehen, ohne direkten Bezug zum physischen Leben. Du bist nicht im Geringsten qualifiziert, irgendjemandem einen vorzeitigen unnatürlichen Tod zu prophezeien (auch dir selbst nicht) – und ich schon gar nicht, weil ich dich und deine Hand ja nie gesehen habe. Also: Lass das!

Ja, diese Linie scheidet das Leben vom Tod, das schon, aber auch das normale vom außergewöhnlichen. Und weil sie sich an den Venusberg schmiegt, kann sie auch als Trennlinie zwischen unseren Leidenschaften und der Ödnis des Alltags aufgefasst werden. Kennst du das? Du siehst jemanden, und die Person haut dich komplett aus den Socken. Trotzdem arbeiten gehen und Rechnungen begleichen? Unvorstellbar. Mit der Zeit aber kriegst du beides dann doch irgendwie unter einen Hut. Um diese Trennung und Wiedervereinigung geht es – und um die Klärung deiner Gefühle im Hinblick auf deine Zukunft.

Wie gehst du mit solchen Dichotomien um? Und wie steht's bei dir mit der Balance? Haben in deinem Leben sowohl die Leidenschaft als auch das Gewöhnliche genügend Raum?

Schicksalslinie

Sie verläuft vom Mittelfinger aus praktisch senkrecht nach unten und verändert sich im Unterschied zu anderen mit zunehmendem Alter erheblich. Bei den meisten vertieft sie sich in dem Maße, in dem sie sich im Leben einrichten und kaum mehr verändern. In der Jugend, wenn noch vieles in der Schwebe ist, ist diese Linie oft sehr fein und zart.

Sie gilt als Trennlinie zwischen Zufall und Wille – den beiden Arten, das menschliche Schicksal zu betrachten. Dieser Linie können wir entnehmen, welche Auffassung uns mehr entspricht. Wie weit halten wir die Dinge, die uns zustoßen, für vorherbestimmt und Teil eines großen Musters, und in welchem Maß glauben wir, sie beeinflussen zu können?

Wo beginnt und wo endet sie? Führt sie zum saturntypischen – stabilen, vernünftigen – Mittelfinger, der für die Liebe zu Regeln und Traditionen spricht? Oder führt sie eher zum unbeschwerten, kreativen Apollofinger, was bedeuten würde, dass dich ausgetretene Pfade nicht die Bohne interessieren? Und wenn sie eher der sinnlichen, sexy Venus entgegenstrebt? Gerade bei dieser Linie kommt es sehr auf den Kontext an. Schau also genau hin.

Eine lange Schicksalslinie spricht dafür, dass du ehrgeizig, getrieben und clever bist. Und, nehme ich an, gern die Kontrolle hast. Du bewegst was. Und das nicht zu knapp!

Hast du dagegen eine kurze oder gar nicht existente Schicksalslinie, könnte es sein, dass du dich im Status quo gefangen fühlst. Wann immer alles klar vorgezeichnet scheint, willst du womöglich einfach nur weg, auch wenn alles nach Plan läuft. Dann überlegst du vielleicht, deinen Job zu kündigen oder einfach in ein Flugzeug zu steigen und irgendwo anders neu anzufangen. Vielleicht tust du das nicht immer oder auch nie, aber du spielst mit dem Gedanken. »Getrieben« zu sein heißt in deinem Fall, dass du dich in eine Ecke gedrängt fühlst. Selbst wenn du die Chefin im Ring bist.

Endet die Schicksals- an der Herzlinie, drängt sich die Frage auf, inwieweit der Lauf deines Lebens von Emotionen bestimmt wird; sollte sie an der Kopflinie enden, kannst du überlegen, ob du die Dinge womöglich zu sehr vom Intellekt her angehst. Das alles sind natürlich wieder nur Gesprächsaufhänger: Gelegenheiten, neue Ideen auszuprobieren. Und vielleicht decken sie ja auch etwas auf, was du insgeheim schon längst weißt.

Sollte das der Fall sein, atme tief ein und aus. Schau in deine Hand und mach dir klar, dass du alles Mögliche verändern kannst. Du hast hier den Hut auf. Über dein Schicksal entscheidet niemand anders als du selbst.

Storytelling

Kommen wir jetzt noch einmal auf die Zeichnung deiner Hände zurück. Du hast sie hoffentlich so oft ergänzt, dass sie jetzt ein echtes Labyrinth darstellt. Ein bildschönes, wildes Durcheinander. Eine Geschichte, aber keine mit Anfang, Mittelteil und Ende wie in Büchern, sondern eine, die sich im Kreis bewegt und jedes Mal, wenn du sie erzählst, anders ist. Auch schon, wenn du sie ganz bald wieder erzählst.

Sieh dir deine Skizze an. Sie offenbart kein überschaubares Narrativ – du kannst sie aber zu einem machen, wenn du das willst. Schaust du dir die Zeichnung dann erneut an, ist schon wieder eine Wendung hinzugekommen. Müsstest du sie jetzt noch einmal anfertigen, würde das Ganze ein bisschen anders ausfallen. Die Grundelemente wären dieselben, jedoch wie magisch in exakt das verwandelt, was du an dem Tag gerade brauchst. Genau wie du es heute auch gemacht hast. Es geht um die Reise, auf die wir gehen, um die Orte, an denen wir innehalten, und um alles, was wir auslassen.

Interessant ist: Oft wurde versucht, das Handlesen als pseudowissenschaftlich abzutun. Mit der Begründung, man höre von einer handlesenden Person nie zweimal dieselben Erklärungen. Oder jede Interpretation sei reine Erfindung, völlig willkürliches Gequatsche. Eine x-beliebige Story.

Doch die Leute, die solche Behauptungen aufstellen, verstehen gar nicht, worum es überhaupt geht. Aber das ist dir inzwischen bestimmt längst klar.

Das Handlesen dreht sich immer ums Geschichtenerzählen. Darum, dass wir von einer Linie, einem Finger, einer Markierung ausgehen und etwas sehr Schönes daraus machen: etwas Vollendetes, fesselnd Unwiderstehliches und vor allem Nützliches. Das ist Magie. Genau wie das Leben.

Nun aber: fröhliches Handlesen!

Ich wünsche dir Schicksal und Fame, Kopf und Herz – in ausgewogener Mischung.